Lisi Schuur

Rheinkilometer 755,5

© 2018 Lisi Schuur

Herstellung und Verlag:
BoD- Books on Demand, Norderstedt
ISBN: 978-3-7528-4074-2

1

könnte ein anfang sein

rinnt wasser
über dich
läuft

ein schauer
wenn du spürst
du bist

du kieselstein
der unbeschreiblichen farbe
bist
ausgewaschen

in dir
eine winzige hohlkammer
für mich

2

dass ich vergessen wollte
mehr war nicht

heute

wollte ich
dir zusehen
mir etwas abgucken
von dir lernen

du machst mich verrückt
weißt du das?

ich mag deine unerschütterlichkeit
nicht mehr

es reicht
an dir ist nichts
bewundernswert

du liegst nur rum
hast keine ahnung
dass du's nur weißt
du
siehst du nicht
wie ich leide

wie geht das
unerschütterlich sein

sag es mir doch
danach
mach was du willst

alles wollte ich dir geben
nur einen gefallen
von dir

du hast dich versagt

weil du trotzig warst

mit meinen Schuhen
nicht wasserdicht

habe ich dir die grenze gezogen
doch du -

wärest du darübergegangen
ich hätte dir ein loblied gesungen

du bliebst zurück
missachtend mich

meine missbilligung dafür

3

heute ist ein besonderer tag
das weiß ich
ich komme zu dir
weil ich hoffnung habe
es ist noch zu früh
ins café schuster zu gehen

dort bereitet man vor
alles was das herz begehrt
auch anderes
wie mich

ich begehre nichts
hoffe auf die freundlichkeit
der menschen

mich aufzunehmen
in ihren kreis
dass ich nicht
alleine mich fühlen muss
später
wenn ich zu grabe
ihn trage

4

bist du eigentlich auch irgendwann
angekommen
nicht das meer meine ich
das ist nur eine durchgangsstation

dahinter
was liegt dahinter
alles andere
ist unerheblich

wüsste ich doch
nach dem meer
ist der himmel

der himmel groß
der himmel klein

was soll das sein
außer gewölk
voller wasser
auch deins

ich werde ich dir nie
ausweichen können

5

nur du
sollst es hören
die fische
sind taub
sie kennen nur
der bäume laub
wenn auf dem grund
es angekommen
seh'n nicht den baum
an deinem rand
der seine zeit
in ringe legt
und irgendwann beschließt
dem sturme nachzugeben
weil ihn der tod berührt
spürt er die äste welken
sieht sich ein letztes mal
in deinem spiegel an
um den dich
mancher mensch beneidet
weil er ein riesengroßes stück
des himmels sehen kann

6

weißt du wie oft ich nachgesehen habe ob
du da bist?
natürlich ist es nicht wortwörtlich zu
nehmen. du wirst schon wissen wie ich es
meine.
aber ich sag es dir trotzdem.
du bist verlässlich bist immer da.
das muss ich manchmal überprüfen. immer
dann wenn ich mit mir selber nicht recht
klar komme.
wenn ich mich alleingelassen fühle. weil
mich niemand versteht.
dann denke ich an dich. und etwas zwingt
mich dich zu besuchen.
ich sehe dich.
sofort geht es mir besser.
ich muss nicht lange bei dir sein.
ein blick genügt.
und deinen geruch kenne ich sowieso.
dich rieche ich wenn ich will überall.
ich finde du hast allen grund dich zu freuen.
so einen verehrer wie mich findest du nicht
alle tage.

weil du mir wichtig bist.

7

ich sage dir
ganz leise
meinen dank
leg meine
tränen
an den kieselsaum
dass deine wellen
meine rührung schmecken

8

ich betrachte
das grasbüschel
unentschlossen
wir beide

in den halmen
vibriert der wind
ohne viel spielraum
wächst das moos

der grillplatz
liegt
fragend
daneben

herumliegende spritzen
haben
geantwortet
vorübergehend

betäubte
sich die welt
fragte nicht mehr

9

ich könnte
den wind
eisig nennen
doch ist er es nicht

ich denke an dich
frierend
durch glasige augen
fall ich hindurch

es war die idee
im überschwang
als wir den mut
verloren

10

in der ferne die flughafenbrücke mit den v-
förmigen stielen. hohe pylone durften es
nicht sein, wegen der nähe zum flughafen.
sie ist die autobahnbrücke der a44, und
führt von düsseldorf (lohausen) nach
meerbusch (ilverich).

meine augen
schweifen ab
sehen beton
an riesigen seilen
kehren zurück
und suchen die fähre
keine pkw an deck
die autos nehmen
lieber die brücke

11

es ist anders als sonst
ich sehe dich an und
alles in mir
bleibt leer

meine augen
sehen über dich hinweg
sie wollen sich nicht
mit dir befassen
verheddern sich

auf der anderen seite
ist der campingplatz
leerer als sonst

unruhig
nicht fixiert
mein blick
deine wellen sind mir
nicht tragisch genug

es war eine hoffnung
dass ich bei dir finde
was ich seit stunden
suche

die glocken der basilika
st. suitbert
ein goldner schrein
der heiligenschein

ich wende mich ab
die fähre
hat schüler gebracht
ein paar fahrräder auch

12

heute
liegt sonnenschein
auf dir und mir
der matrose
an bord
des vorbeifahrenden tankschiffes
hält inne mit
seiner inspektion
wir winken uns zu

die schafherde blökt
der schäfer
erzählt mir
dass sein hund
sehr alt ist

ein kieselstein
hüpft
bringt dir
meine freude

zuletzt
siebenmal

13

mir kam in den sinn
deine farben
auf einer palette
zu suchen

verwirrt gab ich irgendwann auf
so unergründlich
bist du
vergebliche
seitenblicke

auch im winter

wenn ich mich
erschlagen fühle

14

im nebelmond
bist du
mir klarer
es findet nicht mehr
der sommer statt
mit seinen
aufreißereien

die kälte weckt
die anderen seiten
die querstraßen
mit dem kopfsteinpflaster
und den wenigen
parkmöglichkeiten

als ich ausstieg
zu dir zu laufen
zwang mich
erstes eis
genauer hinzuschauen

15

es gibt keinen grund
sich schuldig zu fühlen
ich habe den kleinen fisch
gesehen

auch die gierigen möwen
kommen seinetwegen

in deinem wasser
lässt es sich leben

16

die alte dame
am geländer
sieht sich nicht um
sie weiß
die ruine hinter sich
die kaiserpfalz

jahrhunderte
fasern die luft
trachyt
aus dem drachenfels
wurde verbaut
die türen zu öffnen

zugeschlagen
hat man sie
im namen der gerechtigkeit
kriege zu führen

haltet die anlagen sauber
mahnt ein schild
daneben liegen
bonbonpapiere und ein gelbes schüppchen

17

die stelle
hab ich
mit meinen augen
gemarkert
alle jahreszeiten
liegen darin

der sommer
zieht sie etwas auseinander
es muss sehr viel hineinpassen
da reicht ein einfacher kreis nicht aus
bis zum winter
hat sich das meiste
verbraucht

18

an deiner seite
voller philosophischer fragen
bist du
eine insel
die ich erreichen möchte
in der ferne
die alten bäume
wie weggefährten
sehen sie mir zu
wenn dein hochwasser kommt
meine sorgen
in deinen fluten
klein werden

unberechenbar

19

heute
fällt mir
so wenig ein
bin
deiner
nicht mächtig genug

so unergründlich
bist du mir
ein fallen in
bodenlosigkeit

ich träum das herz mir stumm
der himmel hat sich losgelöst
die welt getrennt von allen zeiten
von allen wirklichkeiten
papier bleibt unberührt
behält sein weiß
sind keine worte mehr
darauf zu schreiben

ich träum das herz mir stumm
sind keine namen mehr
die in mir bleiben

20

am anfang
warst du
zweitrangig

die steintreppe
mit den
abgeplatzten stufen
von unkraut
überwuchert
von den meisten
übersehen
war wichtiger

dort zu sitzen
unbeobachtet
sich zu fühlen
beim rauchen
beim knutschen

bis ich bemerkte
wie wenig
sie ohne dich ist

21

lieben kann man [dich]
nur ganz

das weißt du

22

traurigkeit
hört ferne töne
verschüttete lieder
in schwebenden wolken
singen mir
die schlaflose nacht
träume blättern
in fantasien
luftküsse
fallen verstört
auf den boden
klagegedichte alter meister
falten sich ins distelgrün
wie der wind
sich berge baut
deren kuppen er versteckt
unter nebelschwaden
weiche schichten
die verhärten
eisig
hoffnungslos

23

hingeschaut
gepeinigt von selbstzweifeln
der halbe mond
hängt über dir
das blau
noch unverbindlich
ins leere
wäre leichter
zu blicken
keine gebüsche mit frühling darunter
gegen die stimmung
zu halten
hinter mir die stadt
mit fehlenden
parkplatznischen
suchende blicke der fremden
auch ich braue schnee
statt
rosa wangen
durch lindenblütentee
kalt überfiebert
blicke mich ratlos an
mistelbälle in vereinsamten
kronen der bäume
sind raben totenvögel?
ein bild fiel ins wasser

24

weil du mich am längsten kennst
und keine widerworte gibst

bin ich dir gleichgültig?

25

aus der schweiz habe ich
einen brief erhalten.
hätte der rhein nicht so viele
schleusen und hindernisse, schreibt er
würde er mir eine flaschenpost schicken.
ich sitze im gras. es ist früh. bin allein.
auf diesem stück.
wo man das wellenspiel so gut spielen kann.
heute nicht.
ich möchte schreiben.
du musst nichts weiter tun.
es geht nur um mich.

es ist

unwahrscheinlich

geblieben

ist es

so

nicht

ich starre auf einen punkt.
das mach ich immer so.
sehr lange.
wenn es sein muss.

es verschwimmt

sich

so schön

ich laufe weg
zu mir
ich zerfalle

liege
in splittern

dass ich mich
verschenken kann

bruchstückhaft

auch
an
dich

wie du mich ansiehst.
ausweichend. enttäuscht.
flach liegst du. altersflecken überall.
nichts geht spurlos vorbei.
nichts.

schick mir die sonne
aufzuhellen

atmest du überhaupt?
röchelst du?
du röchelst. ich höre dich.
atmen ist leise.
du bist laut.
ich halte mir die ohren zu.
es wird leiser.
atme. bitte.

ich sammle mich wieder ein.
fixiere erneut. den punkt.
ich lasse ihn los.
ich stehe auf. zupfe an mir.
bin unschlüssig.
gehe etwas näher.
es hat sich soviel angesammelt.
am ufersaum.

ob die nächste welle es schafft.
das seil zu treffen.

erst als das schiff vorbeigezogen ist.
ich frage mich
ob es eine flaschenpost
nicht doch schaffen könnte.

ich starre auf einen punkt. angestrengt.
dass die augen nicht überlaufen.

26

später
spiegeln sich wolkenseen
sie formen bilder
legen gesichter
sonnenlichter versilbern die haut

der pfeil der windrose
zeigt nach norden
mit den jahren
ist vieles
wehmut geworden
fließt mir in die seele
nichts gießt sich hinaus

im hintergrund
atmet der wald sich aus
spürt den nahenden abend

sehnsüchte
schieben
aneinander
vorbei

ein schiff
vollbeladen
tut sich schwer

stromabwärts
erreicht
eine seele
das meer
ich wollte
es wäre die meine

27

während ich hingehe
weicht sein wasser mir aus

es ist nicht
das wasser von damals
die
mitleidigen wellen
sind
längst im meer angekommen
aller pflichten
enthoben

nicht mehr
seelentröster

ich suche
wie damals
ohne zu wissen wonach

28

erwacht
mit schläfrigen augen
ein einziger blick
mich zu berühren
klares wasser
schöpfen
meine augen
in deiner schönheit
blau getaucht
grüngerändert
fällt der himmel
lückenlos
sehen
herbstgedanken
kastanienblüten
tragen
deine ufer
sommer

29

die ferne
verschwimmt
sind wuchernde ränder
sie sehen dich steigen und sinken
möwen wie sie aus dir trinken
klarer als gestern noch
dein gesicht
die nebligen augen
reingewaschen
tragen bilder mit namen
liegt sand
mit unwettersamen
....
hängen träume
unterm blauen himmel
malen dem wasser
glitzerschäume
ist guter dinge
mein herz

30

wie dies treibholz. das später in irgendeiner
hütte liegt.
der musik lauscht. zu unterscheiden.
alle klänge des flusses.
wie lange wird es gedauert haben, bis man
es fand. wahrscheinlich von etlichen
hunden angepinkelt.
die fundstelle ist ein beliebter treffplatz für
hundebesitzer.
beliebig. haltlos. unbeachtet.
kein wunderwerk der natur. und nicht alles
wird durch das alter schöner.
so ein findling beispielsweise. der ja.
aber nur um im alter schöner zu sein, kann
ich nicht zum findling werden.
obwohl, das wäre es doch. ich hätte viel zu
erzählen.
so leicht wäre ich auch nicht zu verrücken.
ich läge da. würde immer älter und schöner.
wunderbar.
neulich erzählte man mir von einer frau, die
mit ihrem alter nicht zurecht kam.

sie fühlte sich von der natur grausam
behandelt. und fing an, sie zu hassen.
sie wollte das schöne beim blick durch das
fenster nicht wahrnehmen. deshalb drehte
sie ihr bett andersherum. in dem lag sie
lange zeit. ihrer krankheit wegen daran
gefesselt. unversöhnt bis zum schluss.

dies treibholz. aus welchem holz mag es
sein?
der junge, der es fand, interessierte sich für
eine schraube. die saß ganz schief, ließ sich
nicht bewegen.
von wipfel zu wipfel ist es nicht weit.
jedenfalls aus der ferne betrachtet, greifen
sie ineinander. die großen bäume. alt sind
sie. sich zugetan.
ob sie irgendwann auch zu treibholz
werden? vielleicht baut man Särge aus
ihnen.
oder möbel. eine schöne bank darauf zu
sitzen. dich zu betrachten.

dies ist die stunde an dem der fluss
dem licht beide ufer zeigt
sich zu entscheiden
zwischen weiden und pappelreihen
steigen wellenlieder auf
lösen sich koloraturen darin
nehmen den bogen und
setzen sich punkte
spielen sich frei
sind möwen die fliegen im wind
dies ist die stunde
die alle geheimnisse nimmt

31

ein schwall von wärme
entlang des flusses
hat sich der herbst
ins gras gesetzt
er färbt
die alten weiden
langsam um
die flache böschung
zeigt sich kahler
das grüne
hat sich schon
zurückgenommen
ein hauch
vergangenheit
hat auf sich
aufmerksam gemacht
der himmel weiß bescheid
er lächelt
unergründlich

32

herbstgedanken
in kastanienblüten
deine ufer
tragen
sommer
augen tauchen
voller leichtigkeit
überall schwebt
sehnsuchtsblau

33

sind keine schwarzen vögel
über mir
nur möwen
die wissen
mich zu verstehen
noch vor dem fluss
hör ich ein rauschen
der bach
nach einem tal benannt
hat nun sein ziel erreicht
sein letzter blick
gilt einer alten weide
schäumend
versteckt er sich
in deinem alten schoß